O sinal da cruz

Em nome do Pai e do Filho e do Espírito Santo. Amém.

Pai-nosso

Pai nosso que estais nos céus, santificado seja o vosso nome; venha a nós o vosso reino; seja feita a vossa vontade, assim na terra como no céu. O pão nosso de cada dia nos dai hoje; perdoai-nos as nossas ofensas, assim como nós perdoamos a quem nos tem ofendido; não nos deixeis cair em tentação; mas livrai-nos do mal. Amém.

Ave-Maria

Ave, Maria, cheia de graça, o Senhor é convosco, bendita sois vós entre as mulheres, e bendito é o fruto do vosso ventre, Jesus. Santa Maria, Mãe de Deus, rogai por nós pecadores, agora e na hora de nossa morte. Amém.

Credo

Creio em Deus Pai todo-poderoso, criador do céu e da terra. E em Jesus Cristo, seu único Filho, nosso Senhor, que foi concebido pelo poder do Espírito Santo, nasceu da Virgem Maria; padeceu sob Pôncio Pilatos; foi crucificado, morto e sepultado; desceu à mansão dos mortos; ressuscitou ao terceiro dia; subiu aos céus, está sentado à direita de Deus Pai todo-poderoso, de onde há de vir a julgar os vivos e os mortos. Creio no Espírito Santo; na santa Igreja católica; na comunhão dos santos; na remissão dos pecados; na ressurreição da carne; na vida eterna. Amém.

Salve-Rainha

Salve, Rainha, Mãe de misericórdia, vida, doçura, esperança nossa, salve! A vós bradamos, os degredados filhos de Eva. A vós suspiramos, gemendo e chorando neste vale de lágrimas. Eia, pois, advogada nossa, esses vossos olhos misericordiosos a nós volvei, e depois deste desterro nos mostrai Jesus, bendito fruto do vosso ventre, ó clemente, ó piedosa, ó doce sempre Virgem Maria.

V. Rogai por nós, Santa Mãe de Deus.

R. Para que sejamos dignos das promessas de Cristo.

Confissão

Eu pecador me confesso a Deus todo-poderoso, à bem-aventurada sempre Virgem Maria, ao bem-aventurado São Miguel Arcanjo, ao bem-aventurado São

João Batista, aos santos apóstolos São Pedro e São Paulo, a todos os santos (e a vós, padre), porque pequei muitas vezes por pensamentos, palavras e obras, por minha culpa, minha culpa, minha máxima culpa. Portanto, peço à bem-aventurada sempre Virgem Maria, ao bem-aventurado São Miguel Arcanjo, ao bem-aventurado São João Batista, aos santos apóstolos São Pedro e São Paulo, a todos os santos (e a vós, padre), que rogueis por mim a Deus nosso Senhor.

Atos de fé, esperança e caridade

Meu Deus, creio em vós porque sois a mesma verdade.

Espero em vós, porque sois fiel às vossas promessas.

Amo-vos de todo o meu coração, porque sois infinitamente bom e amável. E amo a meu próximo como a mim mesmo por amor de vós.

Ato de contrição

Senhor meu Jesus Cristo, Deus e homem verdadeiro, Criador e Redentor meu, por serdes vós quem sois, sumamente bom e digno de ser amado sobre todas as coisas; e porque vos amo e estimo, pesa-me, Senhor, de todo o meu coração de vos ter ofendido; pesa-me, também, por ter perdido o céu e merecido o inferno; proponho firmemente, ajudado com os auxílios de vossa divina graça, emendar-me e nunca mais vos tornar a ofender, e espero alcançar o perdão de minhas culpas, pela vossa infinita misericórdia. Amém.

Outro ato de contrição

Pesa-me, meu Deus, ter feito pecados, pois mereci um grande castigo e ofendi a vós, meu Pai e meu Salvador. Senhor, perdoai-me os meus pecados. Não quero mais pecar.

Mandamentos da Lei de Deus

Os mandamentos da Lei de Deus são dez:

1º Amar a Deus sobre todas as coisas.
2º Não tomar seu santo nome em vão.
3º Guardar domingos e festas.
4º Honrar pai e mãe.
5º Não matar.
6º Não pecar contra a castidade.
7º Não furtar.
8º Não levantar falso testemunho.
9º Não desejar a mulher do próximo.
10º Não cobiçar as coisas alheias.

Estes 10 mandamentos se encerram em dois:

1º Amar a Deus sobre todas as coisas;
2º E ao próximo como a nós mesmos.

Mandamentos da Igreja

Os mandamentos da Igreja são cinco:

1º Ouvir missa inteira nos domingos e festas de guarda;

NOTA: As festas de guarda, no Brasil, são:

1º de janeiro: Circuncisão do Senhor.
Dia do Corpo de Deus (10 dias depois de Pentecostes).
8 de dezembro: Imaculada Conceição.
25 de dezembro: Dia de Natal.

2° Confessar-se ao menos uma vez cada ano;

3° Comungar ao menos pela Páscoa da Ressurreição;

NOTA: No Brasil, o tempo marcado para se fazer a comunhão pascal vai desde o Domingo da Septuagésima até a Festa de Nossa Senhora do Carmo (16 de julho).

4° Jejuar e abster-se de carne quando manda a Santa Madre Igreja;

No Brasil, são dias de jejum com abstinência de carne: *a Quarta-feira de Cinzas e a Sexta-feira Santa. Todas as sextas-feiras do ano são dias de penitência espontânea.*

5° Pagar os dízimos segundo o costume.

SACRAMENTOS

Os sacramentos instituídos por nosso Senhor Jesus Cristo são sete:

1° Batismo. – 2° Confirmação. – 3° Eucaristia. – 4° Penitência ou confissão. – 5° Unção dos Enfermos. – 6° Ordem. – 7° Matrimônio.

CATECISMO ABREVIADO

I

1. Quem é Deus?

   Deus é um espírito perfeitíssimo, eterno, criador do céu e da terra.

2. Quantos deuses há?

   Há um só Deus.

3. Quantas pessoas há em Deus?

   Em Deus há três pessoas: Pai, Filho, Espírito Santo.

4. Qual das três pessoas é a maior?

   São todas as três iguais.

5. Como se chama o mistério de um só Deus em três pessoas?

   Chama-se mistério da Santíssima Trindade.

6. Qual foi, das três pessoas da Santíssima Trindade, a que se fez homem?

   Foi o Filho, a segunda pessoa da Santíssima Trindade.

7. Como se chama o Filho de Deus feito homem?
   Chama-se Jesus Cristo, nosso Senhor.

8. Como se chama o mistério do Filho de Deus feito homem?
   Chama-se Mistério da Encarnação.

9. Para que se fez homem o Filho de Deus?
   Para nos salvar do pecado.

10. Que fez o Filho de Deus para nos salvar do pecado?
    Morreu em uma cruz.

11. Como se chama o mistério do Filho de Deus morto na cruz para nos salvar?
    Chama-se Mistério da Redenção.

II

12. Quem fez o mundo?
    Foi Deus.

13. Quem nos criou?
    Foi Deus.

14. Para que nos criou Deus?
    Para conhecê-lo, amá-lo, servi-lo.

15. Como podemos conhecer a Deus?
    Estudando o catecismo.

16. Como podemos amar a Deus?
    Obedecendo a seus mandamentos.

17. Como podemos servir a Deus?
    Vivendo como cristãos.

18. Como podemos nos fazer cristãos?
   Recebendo o batismo.

19. Que é o batismo?
   É o primeiro e o mais necessário dos sacramentos.

20. Por que é o batismo o primeiro e o mais necessário dos sacramentos?
   Porque sem o batismo não se pode entrar no céu.

21. Que faz em nós o batismo?
   Apaga o pecado original e nos dá a vida da graça.

22. Que é o pecado original?
   É o pecado de Adão e Eva.

23. Todos nós nascemos com o pecado original?
   Sim, todos.

24. Quem foi que nunca teve pecado original?
   Só Maria Santíssima, Nossa Senhora.

25. Quem é Nossa Senhora?
   É a Mãe de Deus e nossa Mãe.

III

26. Quais são os fins do homem?
   Morte, juízo, inferno ou paraíso.

27. Morreremos todos?
   Sim.

28. Quando morremos, tudo morre em nós?
   Não.

29. Que é que não morre?

Nossa alma.

30. Para onde irá a nossa alma quando se separar do corpo?

Irá diante de Deus para ser julgada.

31. Para onde irá a alma depois de julgada?

Para o purgatório, para o céu ou para o inferno.

32. Quanto tempo ficará a alma no purgatório?

Depende.

33. Depende de quê?

Do número e gravidade dos pecados já perdoados, mas ainda não expiados.

34. Para onde vai a alma depois do purgatório?

Para o céu.

35. Quanto tempo ficará a alma no céu?

Sempre.

36. E no inferno?

Sempre.

37. Que é que basta para merecer o inferno?

Um só pecado mortal que não tenha sido perdoado antes da morte.

38. Que é o pecado?

É uma desobediência voluntária à Lei de Deus ou à lei da Igreja.

39. Que é pecado mortal?

É uma desobediência voluntária à Lei de Deus ou à lei da Igreja, em matéria grave.

IV

40. Quando se comete um pecado mortal, pode-se alcançar o perdão?

Sim, pode-se.

41. Como?

Confessando-se.

42. Que é confessar-se?

Confessar-se é receber o Sacramento da Penitência.

43. Quantas coisas são necessárias para fazer uma boa confissão?

Cinco.

44. Quais são?

1º Examinar a consciência; – 2º Arrepender-se de ter pecado; – 3º Propor nunca mais pecar; – 4º Dizer os pecados ao confessor; – 5º Fazer a penitência que o confessor mandar.

45. Que quer dizer: examinar a consciência?

Quer dizer: procurar lembrar-se dos pecados cometidos.

46. Como se consegue isto?

1º Dirigindo a Deus uma oração bem-feita.

2º Procurando lembrar-se das faltas contra os mandamentos da Lei de Deus e da Igreja, e contra os deveres de cada um.

47. Que quer dizer: arrepender-se de ter pecado?

Quer dizer: procurar ter pesar de ter ofendido a Deus pelo pecado.

48. Por que devemos ter pesar de ter ofendido a Deus?

Por um destes três motivos:

1º Porque Deus é infinitamente bom, grande e poderoso.

2º Porque Nosso Senhor Jesus Cristo morreu na cruz por causa do pecado.

3º Porque o pecado nos faz merecer o purgatório ou o inferno.

49. Que quer dizer: fazer a penitência?

Fazer o que o confessor mandar.

50. Quando se deve cumprir a penitência?

Logo que for possível.

V

51. Que é comungar?

Comungar é receber o Sacramento da Eucaristia.

52. Que recebemos quando comungamos?

Uma hóstia.

53. Que vem a ser esta hóstia antes da consagração?

Antes da consagração é pão.

54. Depois da consagração?

Depois da consagração é Jesus Cristo todo inteiro: corpo, sangue, alma e divindade.

55. Portanto, quando se comunga recebe-se...?
A Jesus Cristo, Filho de Deus feito homem.

56. Que é que não se deve ter na alma quando se comunga?
Nenhum pecado mortal.

57. E quanto ao corpo, que devemos observar para poder comungar?
Não tomar comidas sólidas e bebidas alcoólicas ou não até uma hora antes. Água pura não quebra o jejum.

58. Como devemos nos preparar para a comunhão?
Pensando em Jesus, que vem dar-se a nós.

59. Que devemos fazer logo depois da comunhão?
Adorar a Nosso Senhor, que está em nós, agradecer-lhe os benefícios recebidos e pedir-lhe novas graças.

60. Quanto tempo deve durar a preparação... a ação de graças?
Cada uma dez minutos pelo menos.

61. Quando é que se tem obrigação de comungar?
1º Quando se chega ao uso da razão.
2º Ao menos uma vez cada ano, no tempo da Páscoa.
3º Quando se está gravemente doente.

62. Quando podemos comungar sem ser por obrigação?
Todos os dias.

VI

63. Que devemos fazer todos os dias?

As orações da manhã e da noite.

64. Que devemos fazer todas as semanas?

Ouvir missa inteira nos domingos.

65. Que devemos fazer todos os anos?

Confessar e comungar por ocasião da Páscoa.

66. Quais são os principais deveres de uma criança?

1º Ter a seus pais e superiores: amor, respeito e obediência.

2º Fugir das más companhias.

3º Frequentar as aulas de catecismo.

67. Depois de Deus, a quem há de amar e venerar uma criança boa e piedosa?

À sua Mãe do céu, a Virgem SS., Nossa Senhora, e ao seu anjo da guarda.

Oração da manhã
Pai-nosso – Ave-Maria

Ofereço-vos, ó meu Deus – em união com o santíssimo Coração de Jesus – por meio do coração imaculado de Maria – as orações, obras e sofrimentos deste dia – em reparação de nossas ofensas e por todas as intenções – pelas quais o mesmo coração divino continuamente se imola sobre o altar.

Anjo de Deus, que sois minha guarda – a quem fui confiado por celestial piedade –, neste dia iluminai-me, guardai-me, regei-me, e governai-me. Amém.

Oração da noite
Ave-Maria

Meu Deus, eu vos agradeço todos os benefícios recebidos neste dia.

Dignai-vos conceder-me luz para conhecer os meus pecados e graça para me arrepender e emendar.

Examinarei a minha consciência nos meus deveres para com Deus, para com o próximo, e para comigo mesmo:

1) Rezei hoje BEM a oração da manhã?

BEM, quer dizer com respeito e devoção e com o propósito de fazer todas as coisas por amor e glória de Deus.

2) Fui à MISSA?

Nos domingos e dias santos É DE OBRIGAÇÃO, e quando se falta sem motivo grave comete-se um pecado mortal. É muito bom ouvi-la todos os dias; tive ao menos este desejo?

3) Comunguei bem hoje?

Ao menos, desejei comungar bem? A comunhão é "o pão de cada dia".

4) Fiz hoje uma visitinha a Jesus? Portei-me devotamente na igreja?

Não olhei para trás, ou para os lados? Não ri? Não falei? Fiz bem o sinal da cruz e a genuflexão?

5) Fui sempre obediente para com meus pais e superiores? Fui delicado para com eles? Não fui teimoso nem malcriado? São deveres do quarto mandamento.

6) Lembrei alguma boa ação aos meus companheiros?

Por exemplo: Perdoar uma ofensa, uma cortesia, no jogo, um ato de devoção, fugir de um divertimento perigoso, de uma má companhia, de uma conversa indecente, etc.?

7) Fiz alguém ficar triste? Dei mau exemplo? Preguei alguma mentira? Furtei alguma coisa?

8) Prestei hoje algum serviço? Procurei dar alguma alegria, principalmente a um pobre ou a algum doente?

9) Fiz hoje algum sacrifício por amor a Jesus?

Por exemplo: Levantei-me cedinho? Pulei da cama sem preguiça? Não resmunguei antes de obedecer? Fui brincar antes de acabar de fazer os deveres? Cedi de boa vontade no jogo? Suspendi o jogo assim que mandaram? Privei-me de alguma gulodice? Fui delicado e paciente especialmente com minhas irmãs e irmãos? Dominei e venci a raiva, a inveja e o egoísmo? Combati o meu defeito principal?

10) Como estou fazendo a oração da noite? Estou arrependido dos meus pecados, por amor de Deus?

Meu Deus, eu me arrependo de todo o coração de vos ter ofendido. Não quero ser mais ingrato para convosco, e proponho firmemente não vos ofender mais.

Pai-nosso.

IMPRIMATUR
Por comissão especial do Exmo. e Revmo.
Sr. Dom Manoel Pedro da Cunha Cintra,
Bispo de Petrópolis.
Frei Hugo D. Baggio, O.F.M.
Petrópolis, 6/4/1970.

TODOS OS DIREITOS RESERVADOS

Vozes imprimiu

www.vozes.com.br
vendas@vozes.com.br

ISBN 978-85-326-0468-2